Impressum
Verlag: BABADADA GmbH, Nedderfeld 112 , 22529 Hamburg
Geschäftsführer / Verlagsleitung: Harald Hof
Druck: Books on Demand GmbH, In de Tarpen 42, 22848 Norderstedt

Imprint
Publisher: BABADADA GmbH, Nedderfeld 112 , 22529 Hamburg, Germany
Managing Director / Publishing direction: Harald Hof
Print: Books on Demand GmbH, In de Tarpen 42, 22848 Norderstedt

escola
ليكول

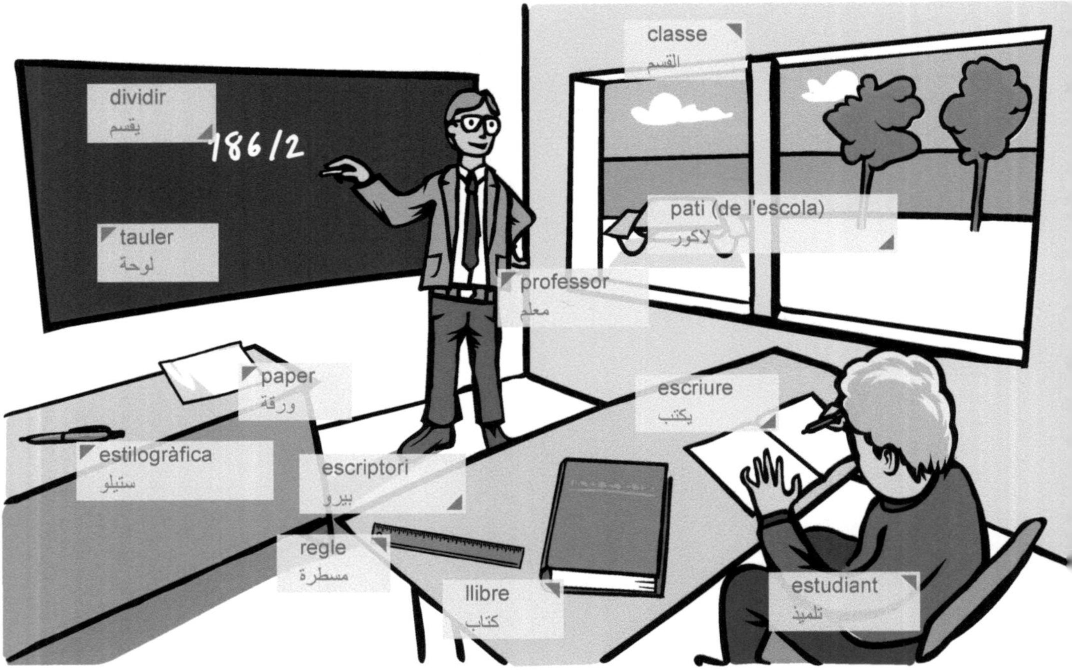

classe
القسم
dividir
يقسم
186/2
tauler
لوحة
pati (de l'escola)
لاكور
professor
معلم
paper
ورقة
escriure
يكتب
estilogràfica
ستيلو
escriptori
بيرو
regle
مسطرة
llibre
كتاب
estudiant
تلميذ

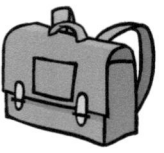

bossa

كرطاب

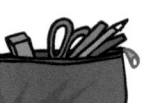

estoig

المقلمة

llapis

قلم الرصاص

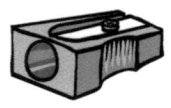

maquineta de fer punta

منجارة

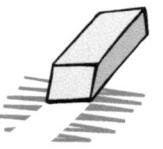

goma

ممحا

bloc de dibuix

الكايي تاع الرسم

dibuix

الرسم

pinzell

البانسو

capsa de pintures

باتير

tisores

مقص

cola

كولا

quadern d'exercicis

كايبي تاع التمارين

deures

الواجبات

nombre

النيميرو

afegir

يجمع

sostreure

يطرح

multiplicar

يضرب

calcular

يحسب

lletra

الحرف

alfabet

الحروف

mot

كلمة

text

النص

llegir

اقرا

guix

طباشير

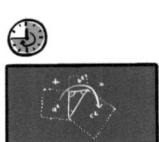

lliçó

الدرس

llibre de classe

دفتر المدرسي

examen

امازقيل

certificat

سرتفيكا

uniforme escolar

اللبة تاع ليكول

formació

التعليم

enciclopèdia

ليكسيك

universitat

الجامعة

microscopi

المجهر

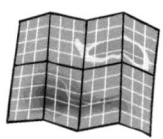

mapa

الخريطة

paperera

بويال

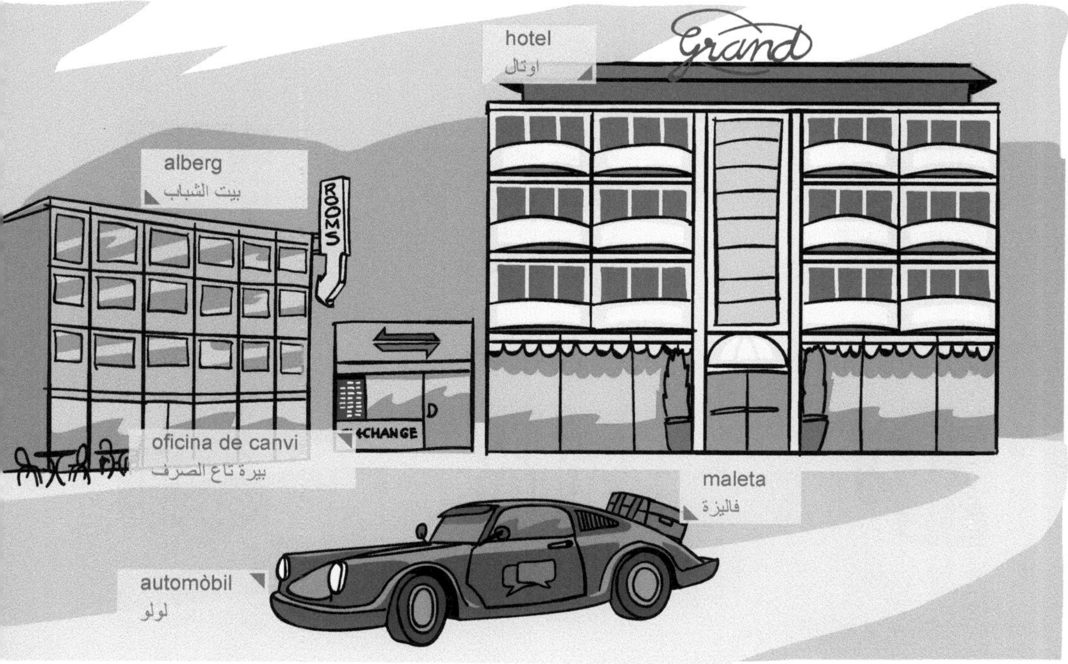
hotel
اوتال
Grand
alberg
بيت الشباب
ROOMS
oficina de canvi
بيرة تاع الصرف
CHANGE
maleta
فاليزة
automòbil
لولو

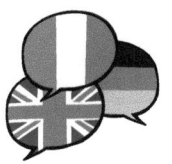

llengua
اللغة ليقصدها

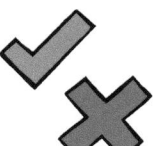

sí / no
واه / لا

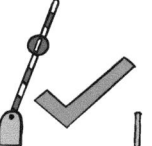

D'acord
صحا

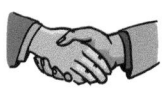

Ey!
مرحبا

traductora
طرجمان

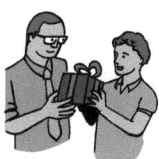

gràcies
صحيت

Quant costa... ?

شعال السومة؟

No entenc

مفهمتش

problema

مشكيلة

Bona nit!

مسلخير

bon dia!

صباح لخير

bona nit!

تصبح بخير

fins aviat

بسلامة

direcció

ديركسيو

bagatge

الباقاج

bossa

ساك

sarrona

ساكادو

convidat

ضيف

cambra

شمبرا

sac de dormir

ساك تاع رقاد

tenda

خيمة

oficina de turisme

استعلامات سياحية

platja

بحر

carta de crèdit

كارطة ناع الكريدي

esmorzar

فطور الصباح

dinar

الفطور

sopar

العشا

bitllet

البيي

ascensor

اموئسير

segell

تامبر

frontera

الحدود

duana

الديوانة

ambaixada

سقارة

visat

فيزا

passaport

باسبور

transport
نقل

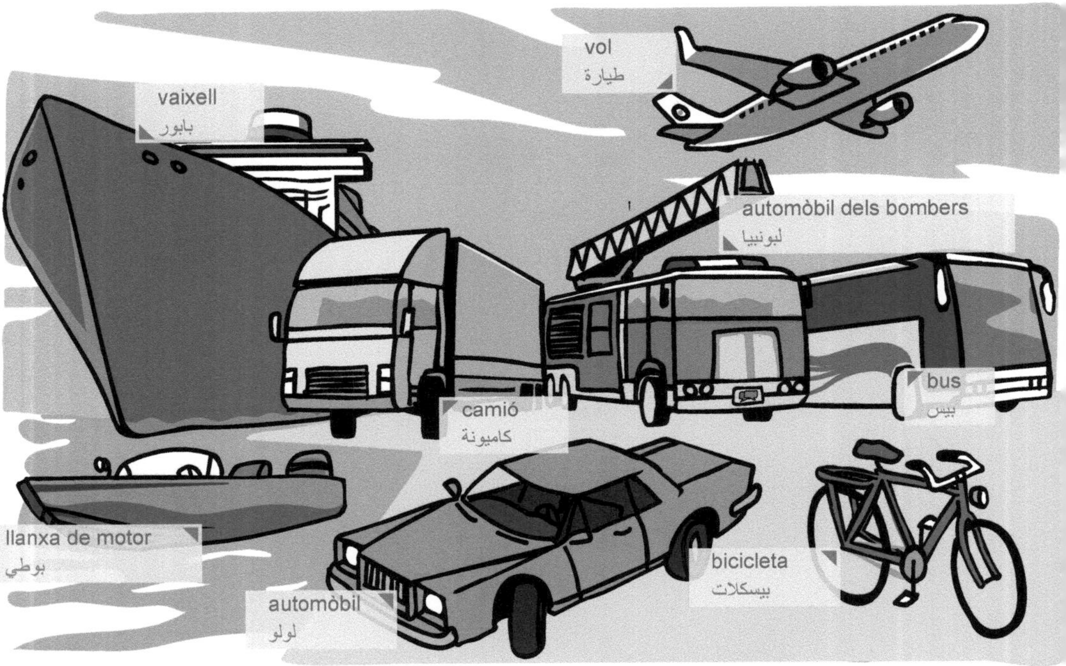
vol
طيارة
vaixell
بابور
automòbil dels bombers
لبونبيا
bus
بيس
camió
كاميونة
llanxa de motor
بوطي
bicicleta
بيسكلات
automòbil
لوطو

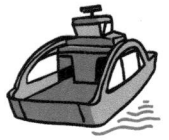

transbordador
بابو

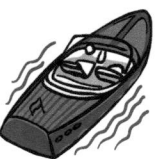

barca
بوطي

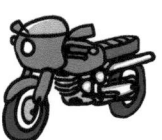

moto
موطو

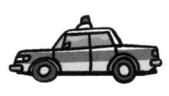

automòbil de policia
لوطو تاع لابوليس

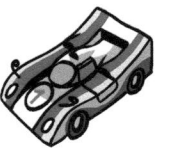

automòbil de curses
لوطو تاع السيباق

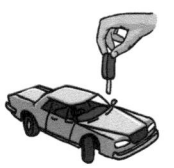

automòbil de lloguer
لوطو تاع كرية

vehicle compartit

لواطا تاع كرية

grua

كرومور

camió de les escombraries

كاميو تاع الزبل

motor

موتور

benzina

ليسونس

benzineria

ستاسيون

senyal de trànsit

بانو

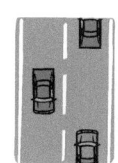

trànsit

ترافيك

embús

سركالة

aparcament

باركينغ

estació de trens

لاڤار

vies

السبيكة

tren

قطار

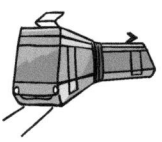

tramvia

ترام

vagó

فاغون

helicòpter

اليكبتار

aeroport

مطار

torre

تور

passatger

مسافر

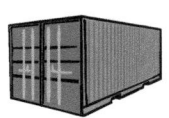

contenidor

كونتنار

capsa de cartó

كرطونة

carretó

شاريو

cistella

سلة

enlairar-se / aterrar

يقلع / يهود

ciutat

مان

poble

قرية

centre de la ciutat

البلاد

casa

دار

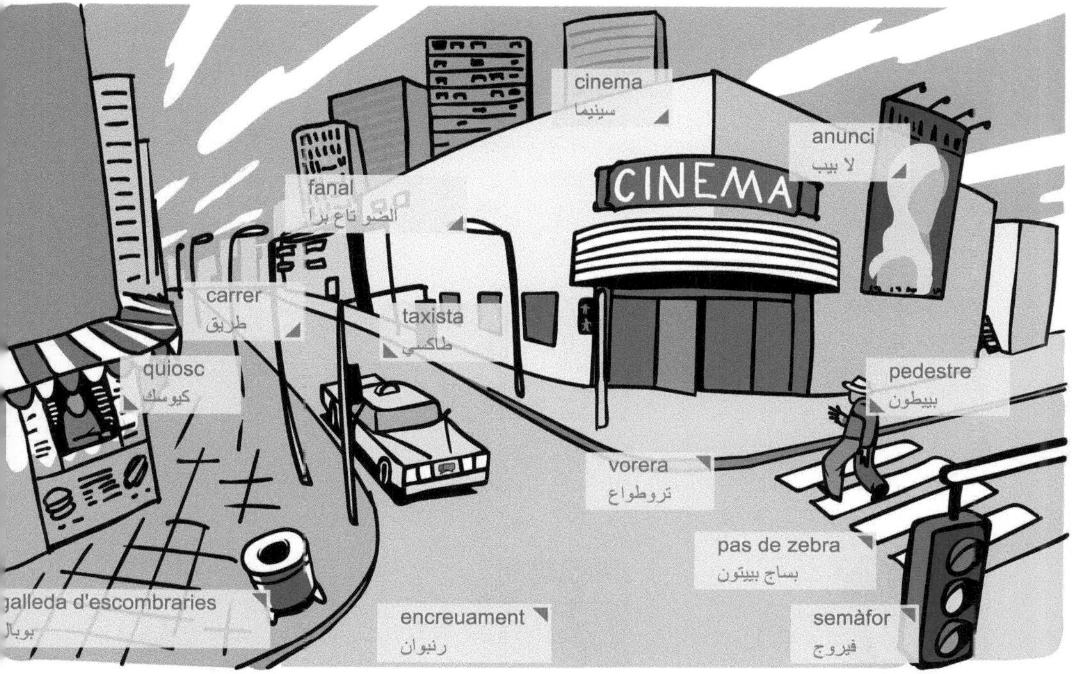

cinema
سينيما

anunci
لا يبيب

fanal
الضو ءاع بزا

carrer
طريق

taxista
طاكسي

quiosc
كيوسك

pedestre
بييطون

vorera
تروطواع

pas de zebra
بساج بييتون

galleda d'escombraries
بوبال

encreuament
رنبوان

semàfor
فيروج

cabana

كوخ

apartament

برطمان

estació de trens

لاقار

casa de la vila-ciutat

لاميري

museu

متحف

escola

ليكول

universitat

الجامعة

banca

بانكة

hospital

سبيطار

hotel

اوتال

farmàcia

فارماسي

oficina

بيرو

llibreria

مكتبة

botiga

حانوت

floristeria

فلوريست

supermercat

سوبرات

mercat

مرشي

gran magatzem

حانوت كبير

peixateria

مسمكة

centre comercial

سونتر كومرسيال

port

المينا

parc

بارك

banc

بنك

pont

جسر

escala

درج

metro

ميترو

túnel

تونل

parada d'autobús

لاري تاع البيس

bar

بار

restaurant

مطعم

bústia de correu

صندوق البريد

senyal indicador

البانوات

parquímetre

مقياس زمن الوقوف

zoo

حديقة حيوانات

piscina

بيسين

mesquita

جامع

granja

فيرما

pol·lució

التلوث

cementiri

مقبرة

església

قليزية

parc infantil

بارك

temple

معبد

paisatge

الريف

fulla
ورقة

cartell indicador
بانو

camí
طريق

prat
مرج

pedra
حجرة

arbre
شجرة

excursionista
رحالة

riu
نهر

gespa
حشيش

flor
زهرة

vall

واد

muntanya

جبل

llac

بحيرة

bosc

غابة

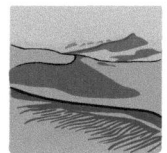

desert

صحرا

volcà

بركان

castell

شاطو

arc de Sant Martí

قوس قزح

bolet

فطر

palmera

نخلة

moscard

ناموسة

mosca

ذبانة

formiga

نملة

abella

نحلة

aranya

رتيلة

escarabat

خنفوس

granota

جرانة

esquirol

ستجاب

eriçó

قنفود

llebre

قنينة

òliba

بومة

ocell

زاوش

cigne

بجعة

senglar

حلوف

cervo

عزالة

ant

إلكة

presa

سد

turbina

الطاحونة

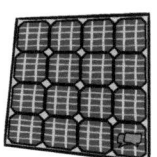

panell solar

خلية شمسية

clima

كليما

restaurant

مطعم

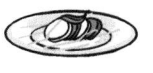

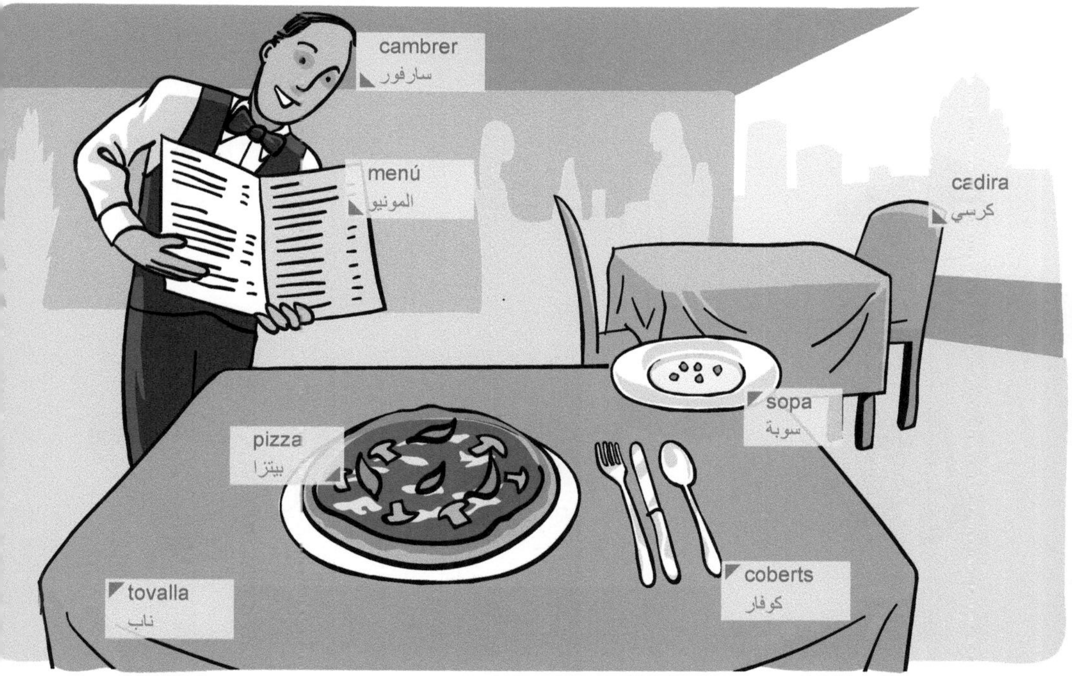

cambrer
سارفور
menú
المونيو
cadira
كرسي
sopa
سوبة
pizza
بيتزا
tovalla
ناب
coberts
كوفار

primer plat

اوردوفر

plat principal

الطبق الرئيسي

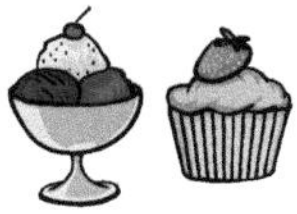

darreries

ديسار

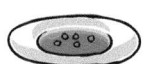

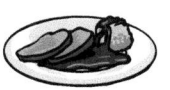

begudes

مشروبات

menjar

ماكلة

ampolla

القرعة

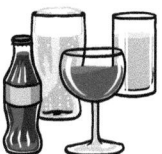

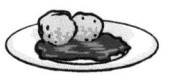

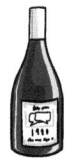

menjar ràpid

فاست فود

menjar de carrer

ماكلة نديه معايا

tetera

براد اتاي

sucrer

سكرية

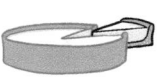

porció

طرف

màquina d'espresso

ماشينة تاع اكسبريسو

trona

كرسي عالي

factura

فاتورة

plata

سني

ganivet

خدمي

forqueta

فرشيطة

cullera

مغيرفة

cullereta

مغيرفة تاع لاتاي

tovalló

سربيتة تاع الطابلة

got

كاس

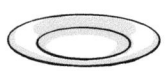

plat

طبسي

plat de sopa

بول

plateret

طبسي تاع الفنجال

salsa

لاصوص

saler

القوطي تاع الملح

molinet de pebre

طحان تاع الحرور

vinagre

خل

oli

زيت

espècies

سيبييز ليل

quètxup

كتشوب

mostassa

درطاوم

maionesa

مايونيز

supermercat

سوبرات

oferta especial
بروموسيو
FOR
client
كلويون
productes lactis
مشتقات الحليب
fruites
فاكية
carret de la compra
شاريو

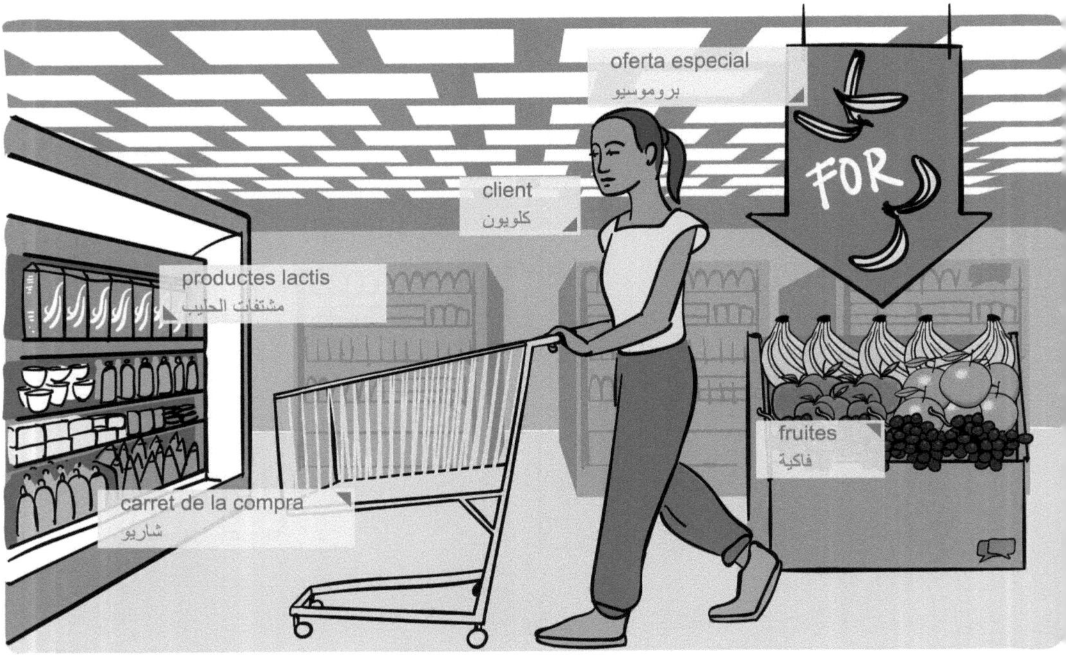

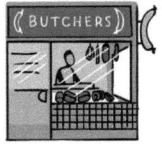

BUTCHERS

carnisseria

بوشي

BAKERY

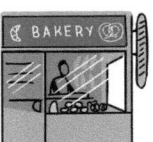

forn de pa

بولونجي

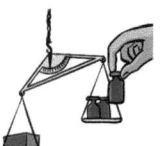

pesar

يوزن

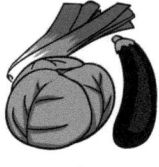

verdures

خضار

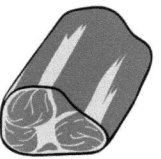

carn

لحم

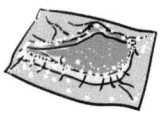

menjar congelat

سيرجولي

carn freda

كاشير

conserves

كونسارف

detergent en pols

لغسيل تاع الاومو

dolços

الحلويات

articles domèstics

صوالح الدار

productes de neteja

ديتارجو

venedora

فوندوز / خدامة فالحانوت

caixa registradora

لاكاس

caixera

كاسسي

llista de la compra

ليستا تاع الشري

horari d'obertura

سوايع الخدمة

portamonedes

متزرداتم

carta de crèdit

كارطة ناع الكريدي

bossa

ساك

bossa de plàstic

بورسة

aigua

الماء

suc

جو

llet

حليب

coca-cola

كوكا

vi

الشراب

cervesa

البيرة

alcohol

شراب

cacau

كاكاو

te

الاتاي

cafè

قهوة

espresso

اكسبريسو

cappuccino

كابوتشينو

banana

بانانة

poma

تفاح

taronja

تشينا

síndria

بطيخ

llimona

ليم

pastanaga

كروطة / زرودية

all

ثوم

bambú

بانيو

ceba

بصل

bolet

شانبينيو

avellanes

بندق

fideus

لبيات

espaguetis

سباقيتي

arròs

روز

amanida

سلاطة

patates fregides

ليفريت

patates fregides

ليفريت

pizza

بيتزا

hamburguesa

هانبورقر

entrepà

سندويش

escalopa

اسكالوب

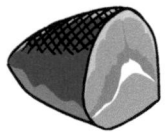

cuixot

لحم الحلوف

salami

سامي

salsitxa

مرقاز

pollastre

جاجة

rostit

لحم مشوي

peix

حوت

flocs de civada

شوفان

musli

موسلي

cereals

كورن فلكس

farina

فرينة

croissant

كرواسون

panet

خبيزة

pa

الخبز / كسرة

torrada

خبز محمر

bescuits

بيسكوي

mantega

زبدة

mató

لبن

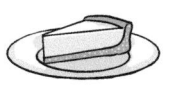

pastís

قاطو

ou

بيض

ou fregit

بيض مقلّي

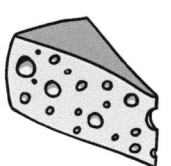

formatge

فرماج

gelat

لاكرام

sucre

سكر

mel

عسل

melmelada

كونفتير

crema de xocolata

نوقا

curri

الكاري

granja
فيرمة

graner
مخزن

bala de palla
رزمة تاع تبن

camp
حقل

cavall
عود

remolc
قنطرة

poltre
مهر

tractor
جرار

ase
حمار

xai
خروف

ovella
كبش

cabra	vaca	vedella
معزة	بقرة	عجل

porc	garrí	bou
حلوف	حلوف صغير	طورو

oca

وزة

ànec

بطة

poll

فلوس

gall

دجاجة

gallina

كردوس

rata

طوبا

gat

قطة

ratolí

فأر

bou

ثور

gos

كلب

gossera

دار الكلب

mànega de regar

تبييو

regadora

إبريق

dalla

منجل

arada

محراث

falç

منجل

aixada

الفاس

forca

مذراة الزبل

destral

شاقور

carretó

برويطة

abeurador

معلف

lletera

قابة تاع حليب

sac

ساشيا

tanca

سياج

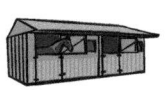

establa

صطبل

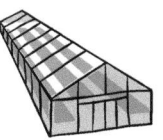

hivernacle

بوطاجي

sòl

تراب

llavor

بذور

adob

سماد

collidora

حصادة

collir

يحصد

collita

الغلة

nyam

بطاط

blat

قمح

soja

صويا

patata

بطاطا

blat de moro o d'indi

ماييس

colza

سلجم

arbre fruiter

شجرة تاع فاكية

mandioca

منيهوت

cereals

الخبوب

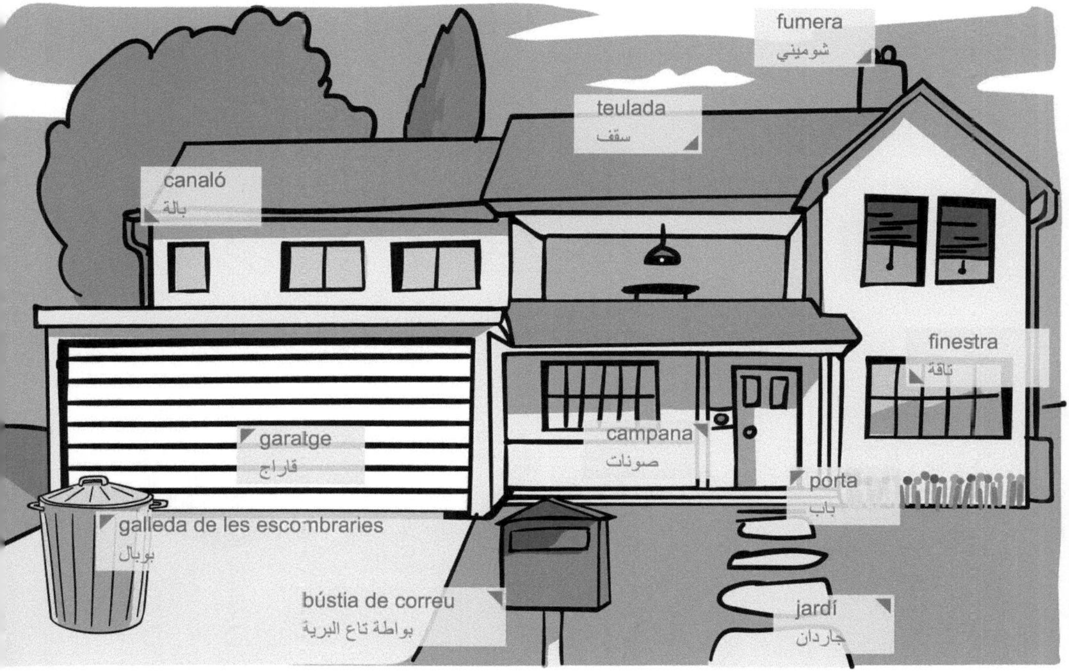

fumera
شوميني

teulada
سقف

canaló
بالة

finestra
ناقة

garatge
قاراج

campana
صونات

porta
باب

galleda de les escombraries
بوبال

bústia de correu
بواطة تاع البرية

jardí
جاردان

sala d'estar
صالون

bany
الحمام

cuina
كوزينا

cambra de dormir
شامبرا تاع رقاد

cambra de nen
شمبرا تاع ذراري

menjador
صالة مونجي

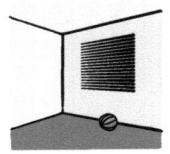

sòl

ضرل

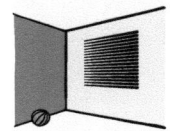

paret

طيح

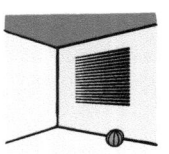

sostre

فالب

soterrani

فاك

sauna

انوس

balcó

نوكلاب

terrassa

ةساريت

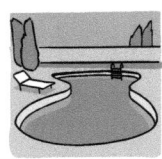

piscina

نيسيب

tallagespa

شيشح عات ةرازج

vànova

سواا

cobrellit

تاووك

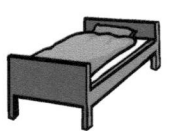

llit

ةيسومان

escombra

ةحلصم

galleda

حيلص عات وديب

interruptor

روتبغتنا

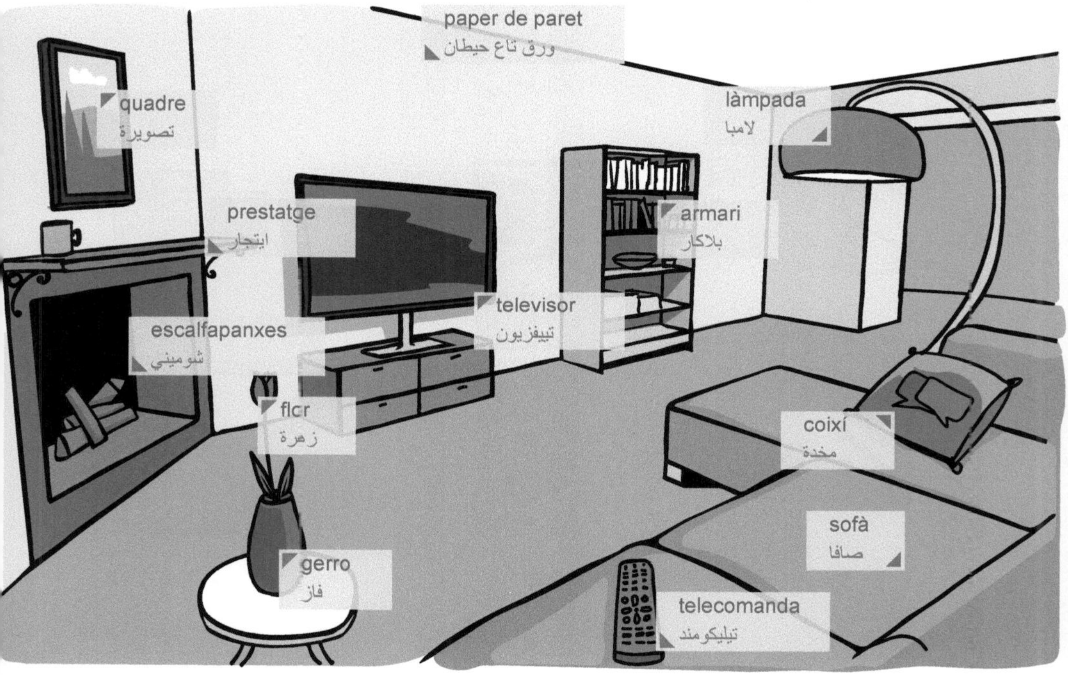

paper de paret
ورق تاع حيطان

quadre
تصويرة

làmpada
لامبا

prestatge
ابتجار

armari
بلاكار

escalfapanxes
شوميني

televisor
تييفزيون

flor
زهرة

coixí
مخدة

gerro
فاز

sofà
صافا

telecomanda
تيليكومند

catifa
طابي

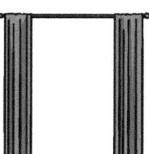

cortina
ريدو

taula
طابلة

cadira
كرسي

cadira gronxadora
كرسي يببوجي

cadiral
فوتاي

llibre

كتاب

llençol

طوفيرطة

decoració

زواق

llenya

الحطب

film

فيلم

cadena de música

الستيريو

clau

مفتاح

diari

جرنان

pintura

كادر

cartell

بوستار

ràdio

راديو

bloc de notes

كناش

aspiradora

أسبيراتور

cactus

صبار

candela

شمعة

cuina
كوزينا

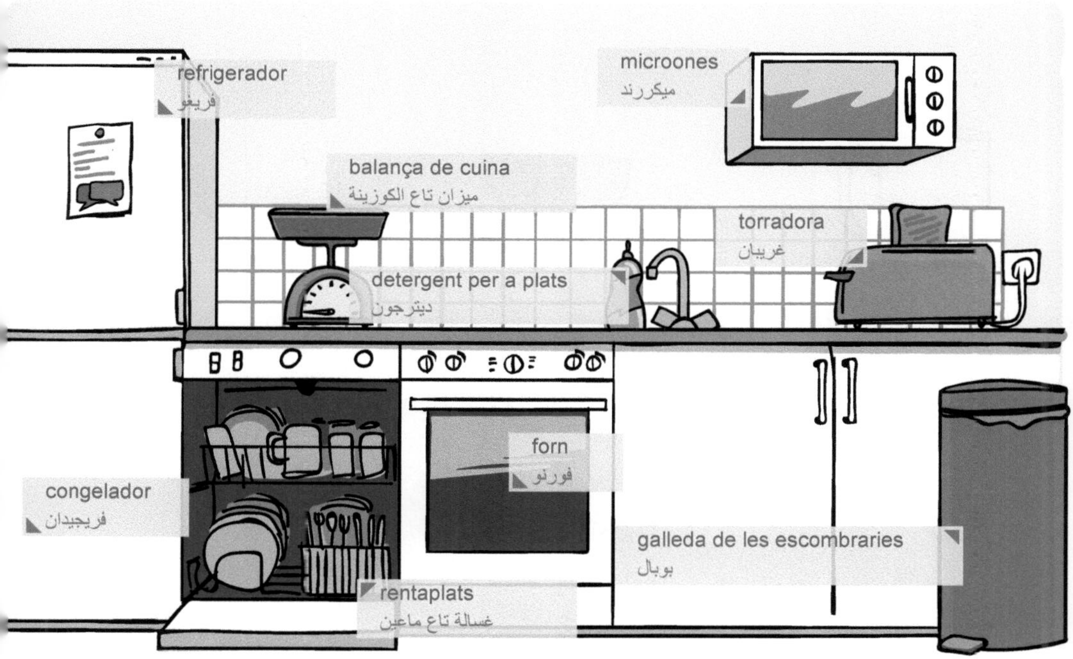
refrigerador
فريغو
microones
ميكررند
balança de cuina
ميزان تاع الكوزينة
torradora
غريبان
detergent per a plats
ديترجون
forn
فورنو
congelador
فريجيدان
galleda de les escombraries
بوبال
rentaplats
غسالة تاع ماعين

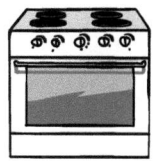

cuina de fogons

الفور

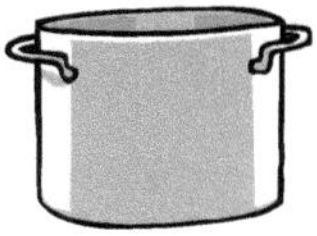

olla

قدرة

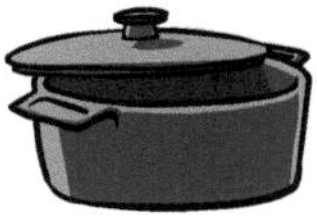

olla de ferro colat

مرميطا

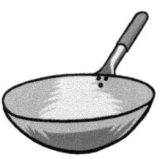

wok / karahi

طاوة غامقة

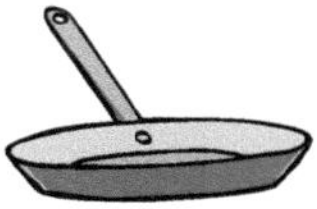

paella

مقلة

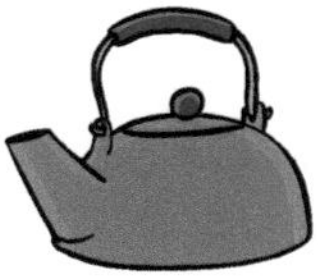

bullidor

غلاية

olla de vapor

قدرة

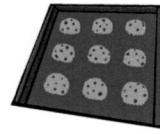

plata de forn

سيني

vaixella

ماعين

tassa grossa

قوبلي

bol

طبسي

bastonets xinesos

مطارق تاع الماكلة

culler

لوشة

espàtula

سباتولة

batedor

الضرابة

colador

كسكاس

sedàs

صفاية

ratllador

راب

morter

مهراز

barbacoa

شواية

foc a terra

موقد

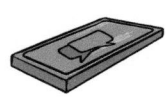

taula de tallar

بلونشا

corró

رولو

llevataps

الحلال

pot de conserva

قابسة

obridor

الحلال

agafador

كتان

aigüera

لافابو

raspall

بروسة

esponja

بونجة

batedora

الخلاط

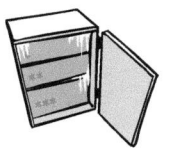

congelador

فريغو

biberó

بيبرونة

aixeta

سبالة

bany

الحمام

calefacció
شوفاج
tovallola
سربيتة
dutxa
دوش
cortina de dutxa
ريدو تاع لادوش
bany de bombolles
حمام بالرغوة
banyera
بنوار
got
كاس
rentadora
غسالة تاع حوايج
aixeta
سبالة
rajoles
كرلاج
orinal
لبو
aigüera
لافابو

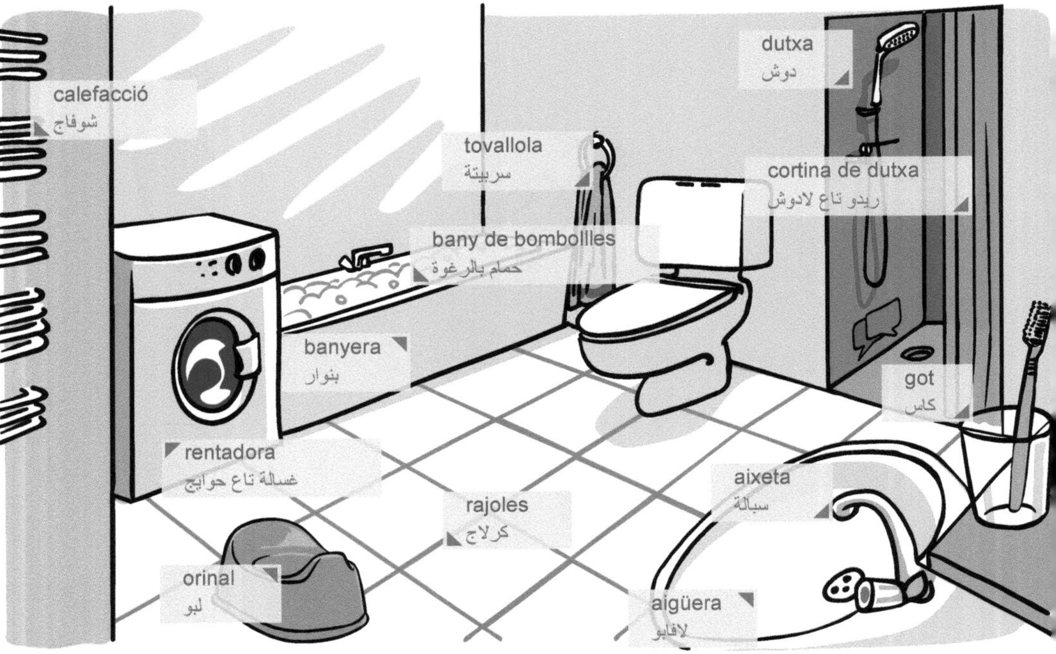

lavabo

توالات

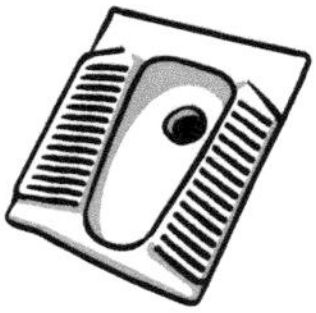

lavabo turc

توالات تركي

bidet

غسال الرجلين

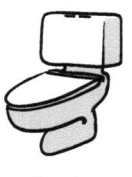

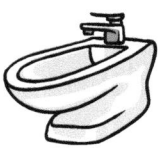

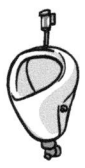

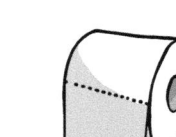

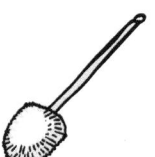

orinador

مبولة

paper higiènic

ورق تاع توالات

escombreta de sanitari

بروسة تاع توالات

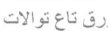

raspall de dents

بروسدون

pasta de dents

دونتفريس

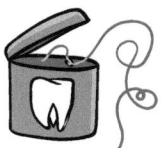

fil dental

خيط السنان

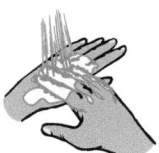

rentar

يغسل

pom de dutxa

شوذ تاع تاشود

dutxa íntima

تاشود

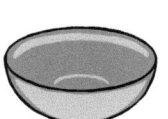

rentamans

لافابو

raspall per a l'esquena

بروسا تاع الظهر

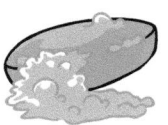

sabó

صابون

gel de dutxa

جال دوش

xampú

شنبوان

manyopla de bany

الحبل

bonera

قادوس

crema

بومادة

desodorant

ديودورون

mirall

مراية

mirall-espill de mà

مراة صغيرة

maquineta de rasar

رازوار

espuma de barbejar

لاموس

loció post-rasada

كولون

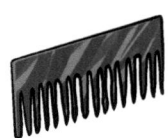

pinta

مشطة

raspall

بروسة

eixugador

سشوار

laca

مثبت الشعر

maquillatge

مكياج

pintallavis

رفالاروج

esmalt d'ungles

فرني

cotó

قطن

tallaungles

كوبنغل

perfum

ريحة

estoig de bellesa

تروسة تاع حمام

tamboret

طابوري

bàscula

ميزان

barnús

بينوار

guants de goma

ليغونات تاع النيتواياج

compresa higiènica

تمبون

compresa

ليبوند

sanitari químic

توالات

cambra de nen

شمبرا تاع ذراري

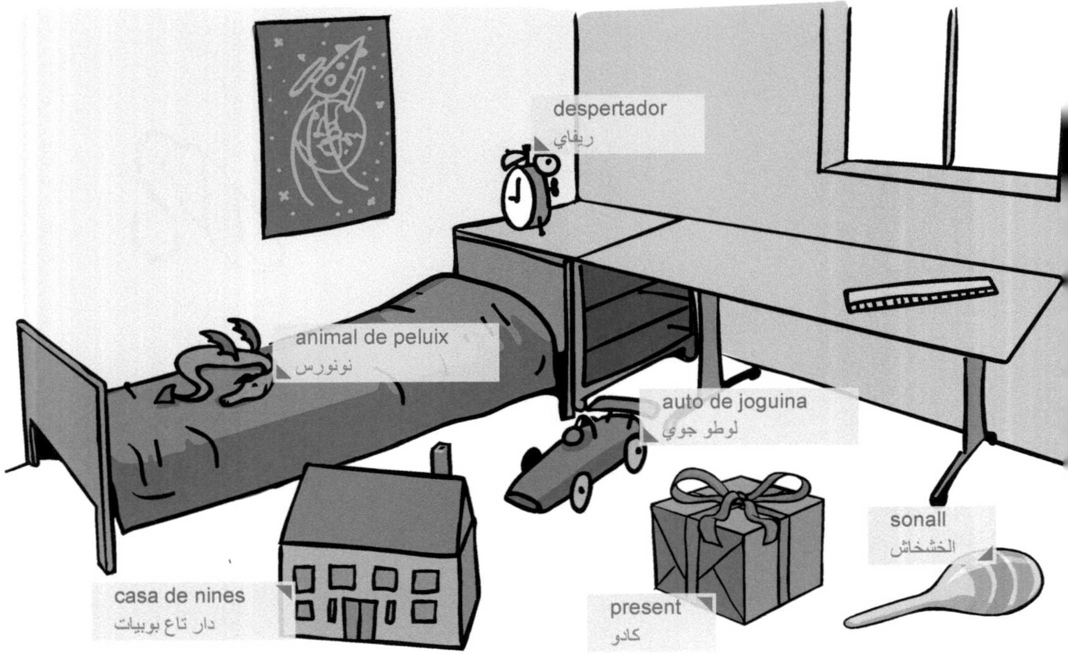
despertador
ريفاي
animal de peluix
نونورس
auto de joguina
لوطو جوي
sonall
الخشخاش
casa de nines
دار تاع بوبيات
present
كادو

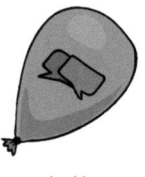

baló

بالونة / نسافة

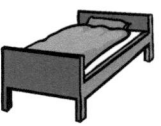

llit

ناموسية

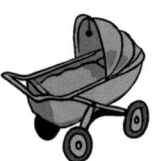

cotxet per a nens

بوسات

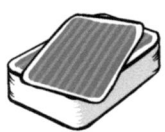

joc de cartes

الكارطة

trencaclosca

البوزيل

SUPER MEGA

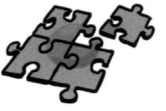

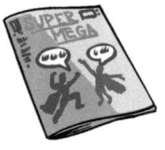

historieta

بوند ديسيني

peces de lego

الليغو

peces de construcció

حجر يبنوه

ninot d'acció

بوبية

granota

لبسة تاع البيبي

frisbee

فريزي

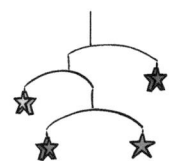

mòbil per a bressol

اللهاية

joc de taula

لعبة الطابلة

daus

الدي

tren elèctric

التران

xumet

سوسات

festa

حفلة / الفيشطة

llibre de dibuixos

كتاب بتصاوير

pilota

بالون

nina

بوبية

jugar

يلعب

sorrera

بارك بالرملة

gronxador

بنصوار

joguines

جوي

consola de jocs de vídeo

منيطا

tricicle

بيسكلات

osset de peluix

دبدوب

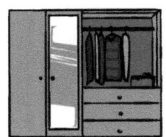

armari

ماريو

roba

حوايج

mitjons

نقاشر

mitges

ليبا

mitja pantaló

كولو

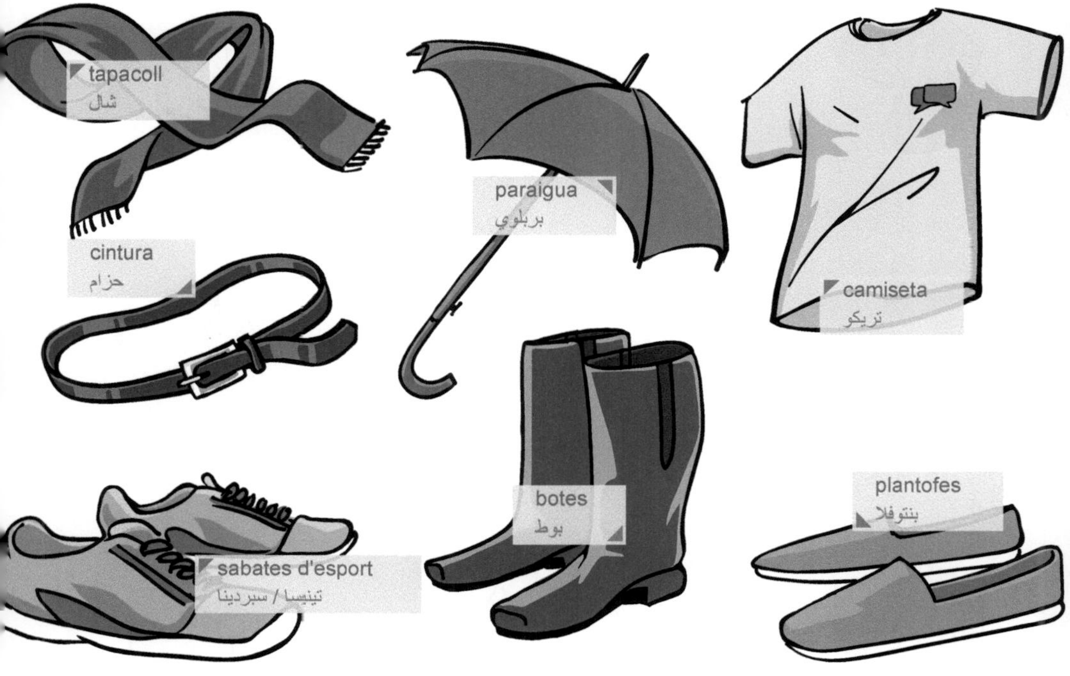

tapacoll
شال

paraigua
بربلوي

camiseta
تريكو

cintura
حزام

botes
بوط

plantofes
بنتوفلا

sabates d'esport
تينيسا / سبردينا

sandàlies

صندالة

sabates

صباط

botes de goma

بوط بلاستيك

calçonets

كالسون

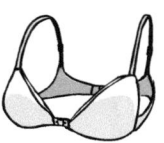

sostenidor

سوتيان

guardapits

حويج تاع داخل

jjustacòs

لاسق على الجسم

pantalons

سروال

jeans

جين

faldeta

جيبا

brusa

طابلية

camisa

قمجة

jersei

تريكو

dessuadora

قارديقون

blazer

بلازار

jaqueta

فيستا

mantell

بالطو

impermeable

بالطو

vestit de dona

كوستيم

vestit de dona

روبا

vestit de núvia

شلونب بنور

vestit d'home

كوستيم

camisa de dormir

شوميز دونوي

pijama

بيجاما

sari

ساري

mocador de cap

حجاب

turbant

عمامة

burca

برقع

caftan

قفطان

abaia

عباية

vestit de bany

مايو

calçon(et)s de bany

سروال تاع عوم

pantalons curts

شورت

xandall

لبسة تاع سبور

davantal

طابلية

guants

ليقونات

botó

قفلة

ulleres

رظارن

braçalet

براسلي

collaret

سلسلة

anell

خاتم

orellera

منقوش

casquet

بوني

penjador

سانتر

capell

شابو

corbata

قرافاطة

cremallera

غيمة

casc

كاسك

elàstics

بروتال

uniforme escolar

لكيل تاع اللبة

uniforme

مرفوينيل

pitet

رياقة

xumet

سوسات

bolquer

شوكيل

oficina

بيرو

servidor

سارف

armari arxivador

خزانة تاع الملفات

impressora

امبريمانت

monitor

ليكرون

paper

ورقة

ratolí

لاسوري

escriptori

بيرو

arxivador

كلاسور

teclat

كلافي

paperera

بوبال

ordinador

اورديناتور

cadira

كرسي

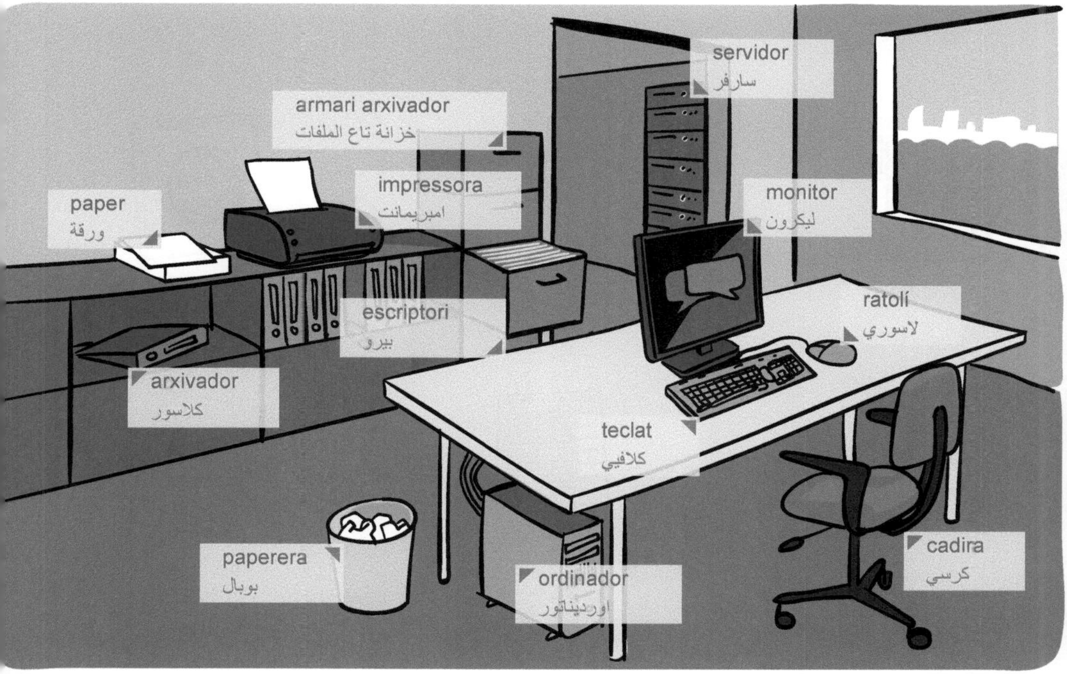

tassa de cafè

كاس قهوة

calculadora

كاكولاتريس

Internet

لانترنت

ordinador portàtil

اورديناتور

lletra

برية

missatge

ميساج

mòbil

بورطابل

xarxa

ريزو

fotocopiadora

فوطوكوبي

programari

لوجسيال

telèfon

تيلفون

presa de corrent

بريزة

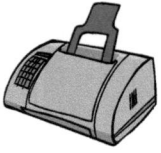

fax

فاكس

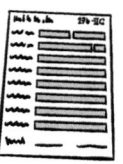

formulari

استمارة

document

وثيقة

comprar

يشري

pagar

صلخي

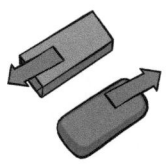

comerciar

يتاجر

diners

مهارد

dòlar

دولار

euro

اورو

JPY

ien

ين

RUB

ruble

روبل

CHF

franc suís

فرنك سويسري

CNY

renminbi

يوان

INR

rupia

روبية

caixa automàtica

ديستربيوتور

oficina de canvi

بيرة تاع الصرف

or

ذهب

argent

فضة

petroli

نفط

energia

طاقة

preu

السومة

contracte

عقد

impost

ساكط

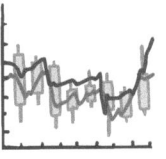

acció

سهم

treballar

يخدم

treballador

خدام

empresari

مول الشي

fàbrica

وزين

botiga

حانوت

oficis
الخدمة

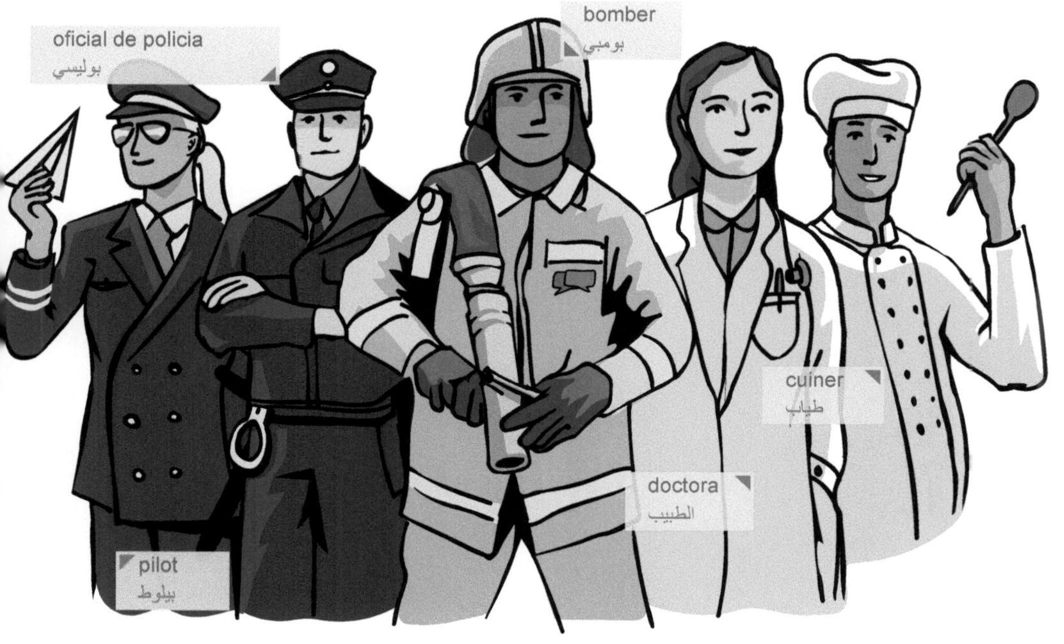
oficial de policia
بوليسي
bomber
بومبي
cuiner
طياب
doctora
الطبيب
pilot
بيلوط

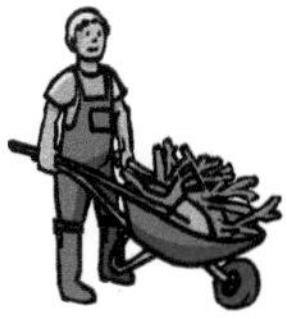

jardiner

جرديني

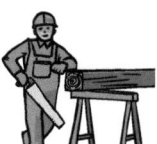

fuster

نجار

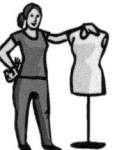

costurera

خياط

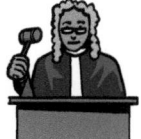

jutge

قاضي

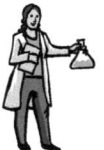

química

شيميك

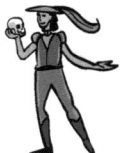

actor

ممثل

conductor d'autobús

شوفير

taxista

طاكسيور

pescador

صياد

dona de la neteja

خدامة

ensostrador

ماصو تاع الصقف

cambrer

سارفور

caçador

صياد

pintor

بنتار

forner

خباز

electricista

الكتريسيان

obrer de la construcció

ماصون

enginyer

مهندس

carnisser

بوشي

llanterner

بلومبي

correu

فاكتور

soldat

جندي

arquitecte

ارشيتكت

caixera

كاسسي

florista

بياع اورد

perruquer

كوافير

revisor

الكنترول

mecànic

ميكانيسيان

capità

كابيتان

dentista

طبيب سنان

científic

عالم

rabí

حاخام

imam

امام

monjo

موان

capellà

موان

eines
ليزوتي

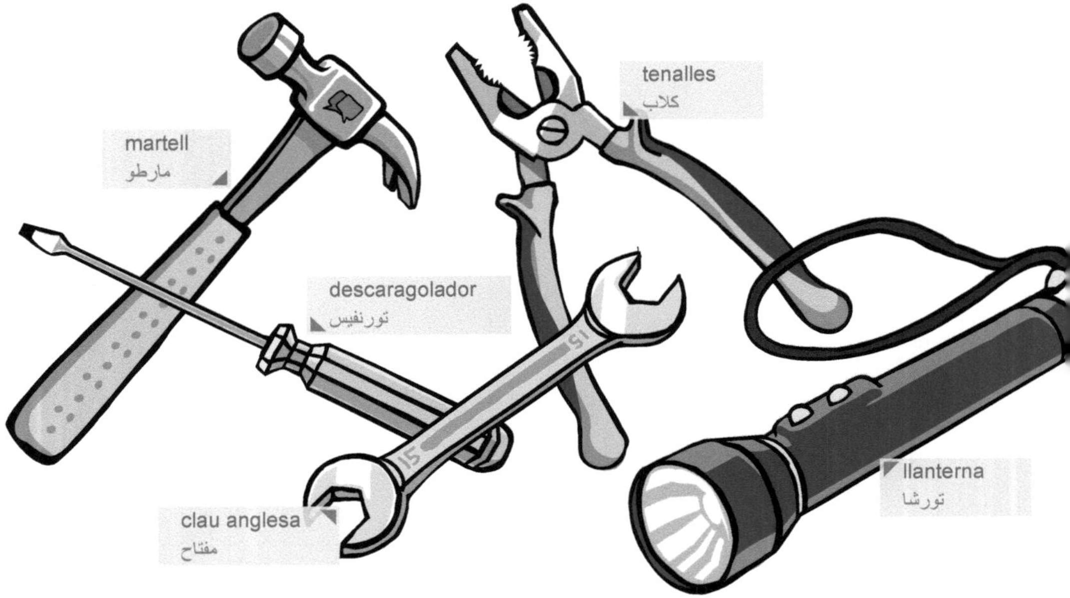
tenalles
كلاب
martell
مارطو
descaragolador
تورنفيس
llanterna
تورشا
clau anglesa
مفتاح

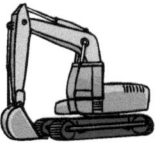

excavadora
جرافة

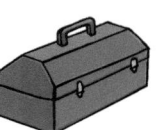

caixa d'eines
قايصة نتاع ليزوتي

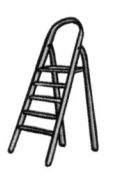

escala
سلوم

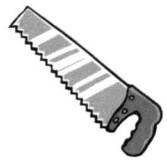

serra
منشار

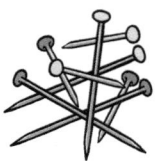

claus
مسامير

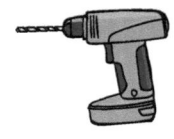

trepant
برسوز

reparar

يصنع

pala

البالة

Maleït siga!

ياويلي

pala

بالا

pot de pintura

بو تاع بنتورة

caragols

ليفيس

instrument de música

آلات موسيقية

altaveu
مكبر الصوت

bateria
آلات الإيقاع

guitarra
غيتارة

contrabaix
كمان أجهر

trompeta
بوق

piano

بيانو

violí

كمنجة

baix

جهير

timbal

طبل كبير

tambor

طبل

teclat

بيانو كهربائي

saxofon

ساكسوفون

flauta

ناي

micròfon

ميكروفون

tigre
نمر

gàbia
كاجا

entrada
المدخلة

zebra
حمار الوحش

aliment per a animals
علف للحيوانات

ós panda
باندا

animals

حيوانات

elefant

فيل

cangurú

كنغر

rinoceront

وحيد القرن

goril·la

غوريلا

ós

دب

camell

جمل

estruç

نعامة

lleó

سبع

simi

تشيطا

flamenc

فلامونغوز

papagai

بيروكي

ós polar

دب قطبي

pingüí

بطريق

ca mari

سمك القرش

paó

طاووس

serp

لفعة

cocodril

تمساح

guardià del zoo

عساس في حديقة الحيوان

foca

عجل البحر

jaguar

نمر أمريكي مرقط

poni

فرس قزم

lleopard

نمر

hipopòtam

فرس النهر

girafa

زرافة

àliga

نسر

senglar

حلوف

peix

حوت

tortuga

فكرون

morsa

حيوان فظ البحري

guineu

ثعلب

gasela

غزال

futbol americà
بالون اميريكا

ciclisme
الركبة تاع البيسكلت

tenis
تينيس

bàsquet
باسكات

natació
العوم

boxa
بوكس

hoquei sobre gel
هوكي

futbol americà

بالون

bàdminton

الريشة الطائرة

atletisme

اتلاتيزم

handbol

الهوند

esquí

سكي

polo

بولو

saltar
ينقز

riure
يضحك

abraçar
يعنق

anar
يمشي

cantar
يغني

pregar
يصلي

somiar
ينوم

fer un petó
يبوس

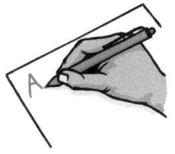

escriure
يكتب

dibuixar
يرسم

mostrar
يوري

pitjar
يدمر

donar
يعطي

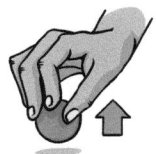

prendre
يدي

tenir

يملك

fer

يخدم

ésser

كاين

estar dret

يوقف

córrer

يجري

estirar

يجبد

llançar

يقيس / يرمي

caure

يطيح

jeure

يتكسل

esperar

يشوف

portar

يرفد

asseure's

يقعد

vestir-se

يلبس

dormir

يرقد

despertar-se

ينوظ

mirar

يشوف في

plorar

يبكي

amoixar

يحك

pentinar

يمشّط

parlar

يهدر

comprendre

يفهم

demanar

يسقّسي

escoltar

يسمع

beure

يشرب

menjar

ياكل

endreçar

يخمل

estimar

يبغي

cuinar

يطيب

conduir

يصوق

volar

يطير

navegar

يبحر بالفلوكة

calcular

يحسب

llegir

يقرا

aprendre

يتعلم

treballar

يخدم

casar-se

يتزوج

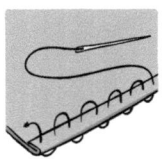

cosir

يخيط

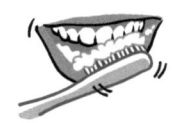

raspallar-se les dents

يغسل سنانو

matar

يكتل

fumar

يكمي

enviar

يرسل

àvia
الجدة

avi
الجد

pare
الأب

mare
الأم

nadó
الذري

filla
البنت

fill
الولد

convidat

ضيف

tia

العمة / الخالة

oncle

العم / الخال

germà

الخو

germana

الخت

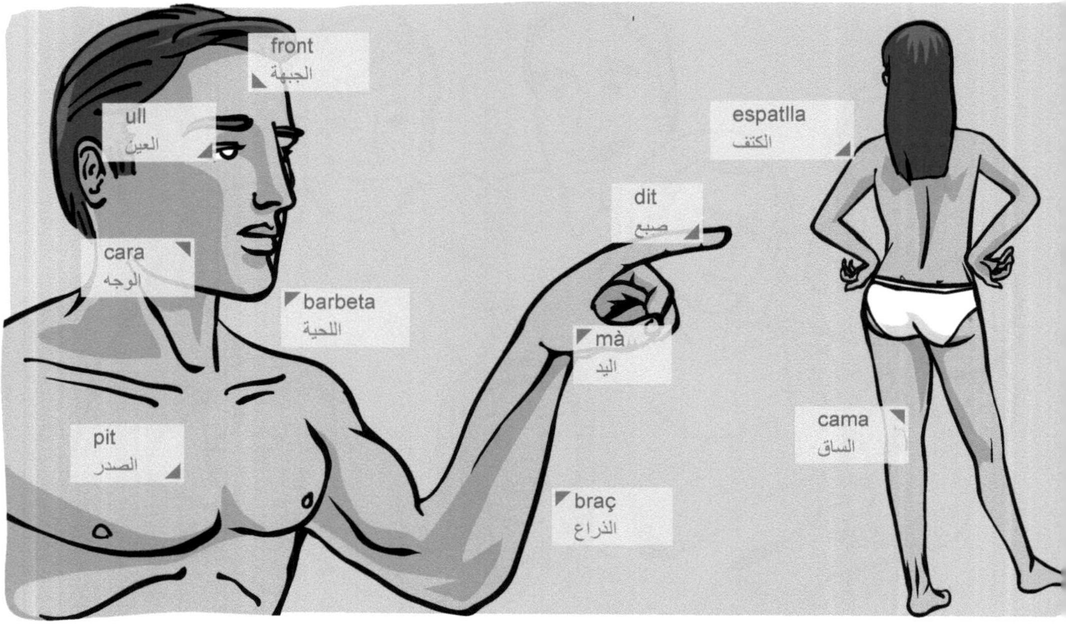

front
الجبهة

ull
العين

espatlla
الكتف

dit
صبع

cara
الوجه

barbeta
اللحية

mà
اليد

pit
الصدر

cama
الساق

braç
الذراع

nadó

الذري

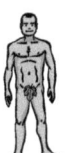

home

الراجل

dona

المرا

noia

الشيرة، الطفلة

noi

الشير

cap

الراس

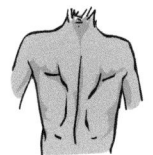

esquena

ظهر

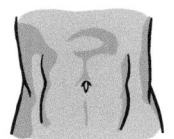

panxa

الكرش

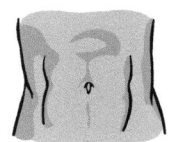

melic

السرة

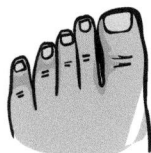

dit gros del peu

صبع

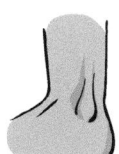

taló

طالون

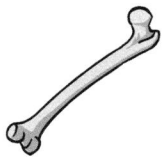

os

العظم

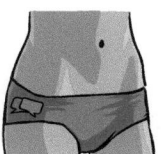

maluc

المرادف

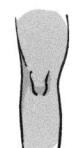

genoll

الركبة

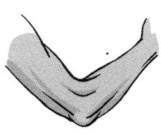

colze

لمرفغ

nas

نيف

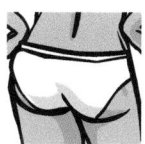

cul

مصاصيط

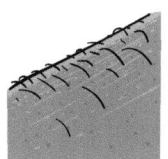

pell

البشرة

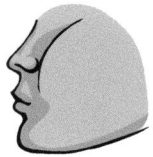

galta

الحنوك

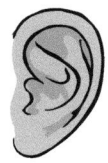

orella

لوذن

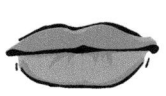

llavi

ثورب

boca

الفم

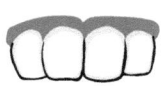

dent

السنة

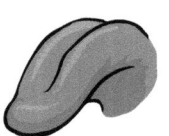

llengua

السان

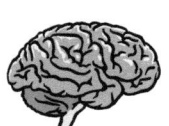

cervell

الدماغ

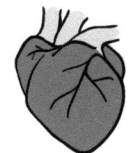

cor

القلب

múscul

العضلة

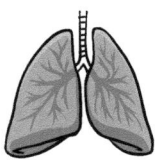

pulmó

الرية

fetge

الكبدة

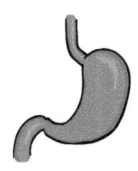

estómac

لسطوما

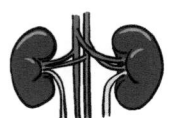

ronyó

كلوى

relació sexual

رابور

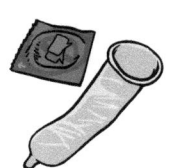

preservatiu

بريزارفتيف

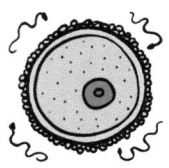

ovari

البويضة

semen

سبرم

prenyat

بلكرش

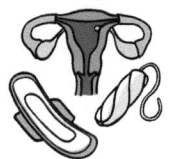

menstruació

ليراغل

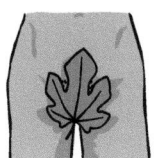

vagina

المهبل

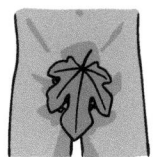

penis

المذاكر

cella

الحاجب

cabells

الشعر

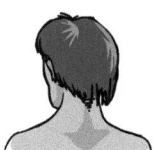

coll

رقبة

hospital
سبيطار

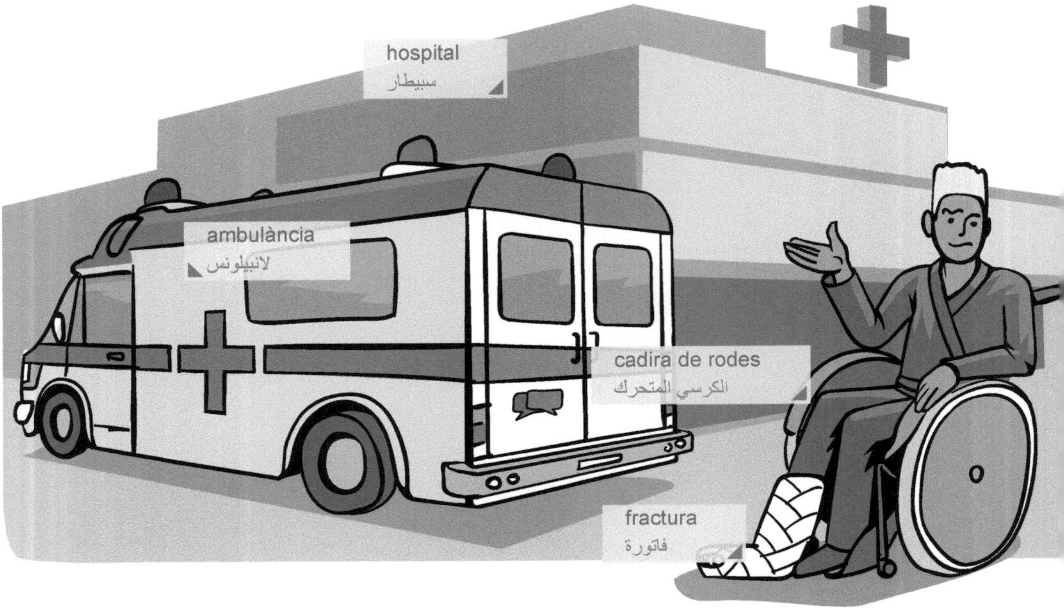

hospital
سبيطار
ambulància
لانبيلونس
cadira de rodes
الكرسي المتحرك
fractura
فاتورة

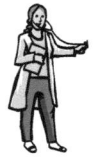

doctora

الطبيب

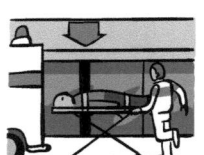

sala d'urgències

ليزيرجونس

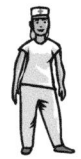

infermera

الممرضة

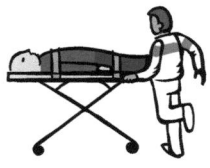

urgència

ليرجونس

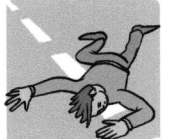

inconscient

تغاشى

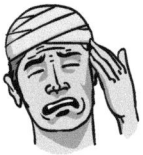

dolor

الوجع

ferida

الجرح

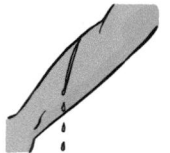

sagnament

يسل الدم

atac de cor

القلب

apoplexia

لافيسي

al·lèrgia

لالرجي

tos

الكحة

febre

الحمة

gripa

لاقريب

diarrea

الاسهال

mal de cap

ميغران

càncer

السرطان

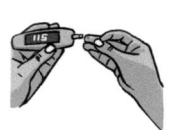

diabetis

السكر

cirurgià

الجراح

escalpel

مبضع

operació

عملية تاع القلب

tomografia computada (TC), TAC

لاسيتي

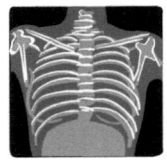

raigs x

الراديو

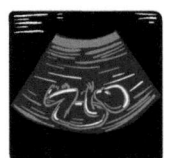

ultrasò

لولتخازون

mascareta

لماسك

malaltia

المرض

sala d'espera

وين يقارعو

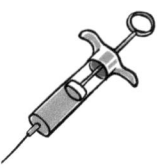

crossa

العكاز

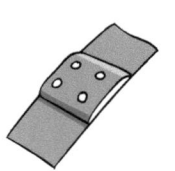

tireta

سكوتش

embenat

لبانسما

injecció

لبرة

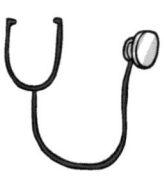

estetoscopi

السماعة تاع الطبيب

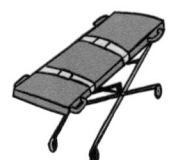

llitera

نقالة

termòmetre clínic

لوزنو بيه الحمة

pariment

زيادة

sobrepès

السمونية

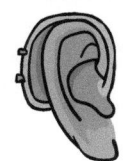

aparell auditiu

جهاز السمع

desinfectant

المعقم

infecció

لنفكسون

virus

الفيروس

VIH / SIDA

السيدا

medicina

الدوا

vaccí

الفاكسان

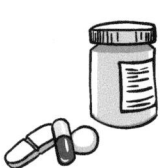

comprimits

الدوا حب

píl·lola

بيلولة

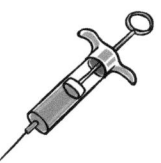

trucada d'urgència

يعيط للنجدة

tensiòmetre

الجهاز ليقيسو بيه الدم

malalt / sà

مريض / صحيح

Socors!
سلكوني

alarma
لالارم

assalt
يتعدا

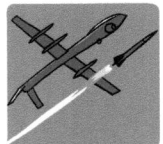

atac
يهجم

perill
دونجي

sortida-eixida d'urgència
مخرج الطوارى

Foc!
النار شاعلة

extintor
لكستانتور

accident
اكسيدون

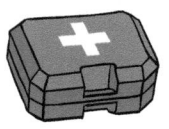

farmaciola de primers auxilis
فيزة تاع الاسعاف الاولي

SOS
سلكونا

policia
لابوليس

Europa

أوروبا

Amèrica del Nord

أمريكا الشمالية

Amèrica del Sud

أمريكا الجنوبية

Àfrica

أفريقيا

Àsia

آسيا

Austràlia

أستراليا

Atlàntic

المحيط الأطلسي

Pacífic

المحيط الهادي

Oceà Índic

المحيط الهندي

Oceà Antàrtic

المحيط المتجمد الجنوبي

Oceà Àrtic

المحيط المتجمد الشمالي

pol nord

القطب الشمالي

pol sud
القطب الجنوبي

Antàrtida
منطقة القطب الجنوبي

terra
أرض

país
بلاد

mar
بحر

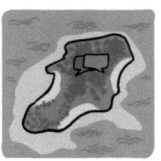

illa
جزيرة

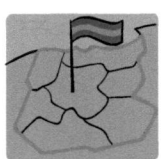

nació
امة

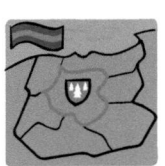

estat
دولة

quadrant

ميناء الساعة

agulla de les hores

عقرب الساعات

agulla dels minuts

عقرب الدقائق

agulla dels segons

عقرب الثواني

Quina hora és?

شعال راها الساعة؟

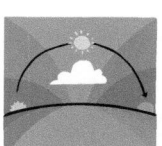

dia

يوم

temps

زمن

ara

كورد

rellotge digital

ساعة رقمية

minut

دقيقة

hora

ساعة

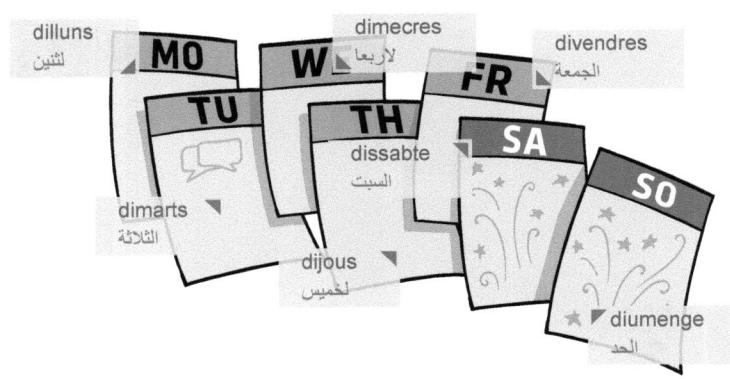

dilluns لثنين
dimecres لاربعا
divendres الجمعة
dimarts الثلاثة
dijous لخميس
dissabte السبت
diumenge الحد

ahir

لبارح

avui

اليوم

demà

غدوا

matí

صباح

migdia

القايلة

tarda

العشية

dia feiner

يامات الخدمة

cap de setmana

ويكاند

any

العام

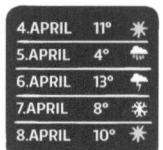

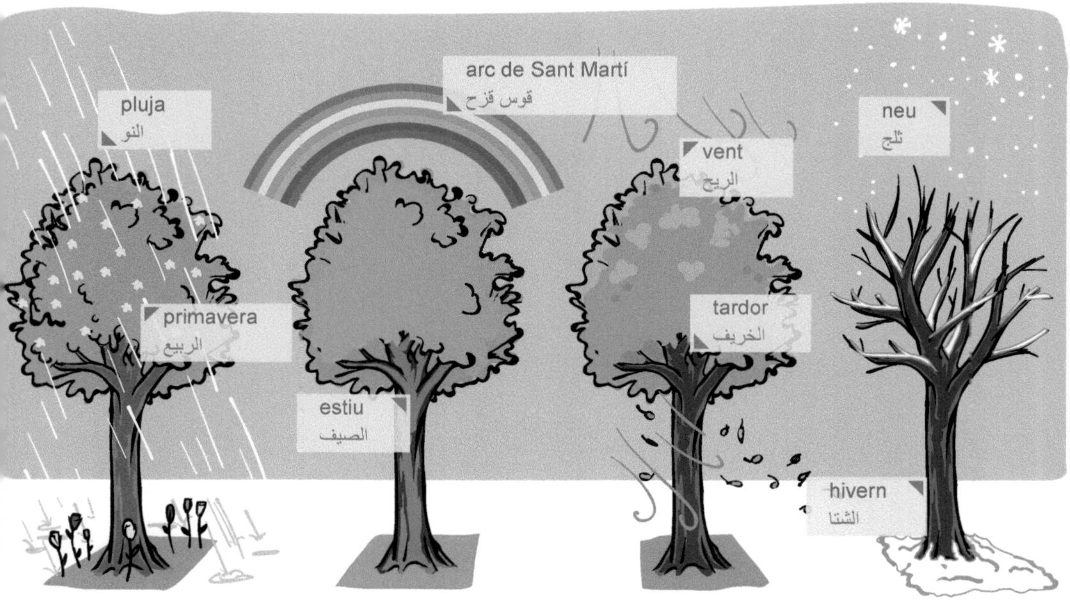

pluja
النو
arc de Sant Martí
قوس قزح
vent
الريح
neu
ثلج
primavera
الربيع
estiu
الصيف
tardor
الخريف
hivern
الشتا

4.APRIL 11°
5.APRIL 4°
6.APRIL 13°
7.APRIL 8°
8.APRIL 10°

pronòstic del temps

يتنبأ بالحال

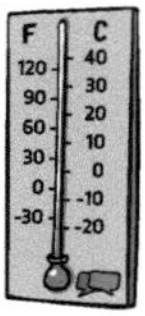

F C
120 90 60 30 0 -30
40 30 20 10 0 -10 -20

termòmetre

مقياس حرارة

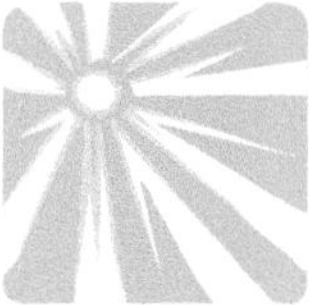

llum del sol

ضوء الشمس

núvol

سحابة

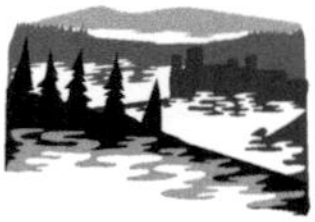

boira

ضباب

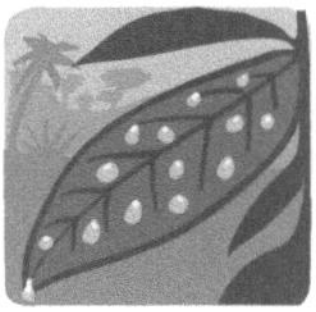

humiditat de l'aire

ميديتي

llamp

برق

tro

رعد

tempesta

عاصفة

calamarsa

بَرَد

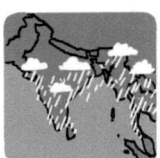

monsó

ريح

inundació

طوفان

gel

جليد

gener

جانفي

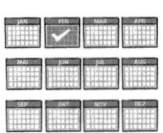

febrer

فيفري

març

مارس

abril

افريل

maig

ماي

juny

جوان

juliol

جويلية

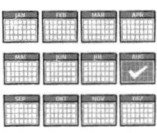

agost

اوت

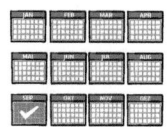

setembre

سبتمبر

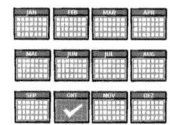

octubre

اكتوبر

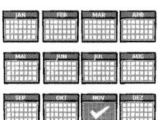

novembre

نوفمبر

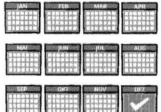

desembre

ديسمبر

formes

فورما

cercle

دويرة

quadrat

مربع

rectangle

مستطيل

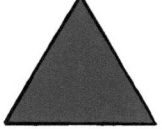

triangle

مثلث

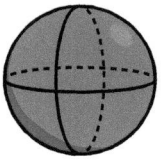

esfera

كويرة

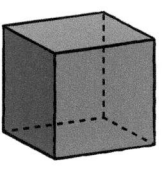

cub

مكعب

blanc

بيض

groc

صفر

taronja

نثيني

rosa

روز

vermell

حمر

lila

حلحالي

blau

زرق

verd

خظر

marró

يوهق

gris

يرق

negre

كحل

molt / poc

بزاف / شوية

emprenyat / tranquil

زعفان / مكالمي

bonic / lleig

شباب / مشي شباب

començament / fi

البدية / التالي

gran / petit

كبير / صغير

clar / fosc

فاتح / فونسي

germà / germana

خو/ خت

net / brut

نقي/ موسخ

complet / incomplet

كامل / ناقص

dia / nit

نهار / اليل

mort / viu

ميت / حي

ample / estret

عريض / ضيق

comestible / immenjable

ياكلوه ياكلوه ميقدروش / ياكلوه يقدو

dolent / amable

شرير / ناس ملاح

entusiasmat / entediat

يمل / يثير

gros / prim

سمين / رفيق

primer / darrer

اللولا / التالية

amic / enemic

الصاحب / لعدو

ple / buit

معمر / فارغ

dur / tou

قاصح / سوبل

pesant / lleuger

ثقيل / خفيف

gana / set

جوع / عطش

malalt / sà

مريض / صحيح

il·legal / legal

غير شرعي / شرعي

intel·ligent / ximple

ذكي / مبوقل

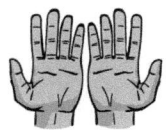

esquerra / dreta

يسار / يمين

prop / llunyà

قريب / بعيد

nou / usat

جديد / مستعمل

res / quelcom

مكانش / شوية

vell / jove

شيباني / شاب

encès / apagat

يشعل / يطفئ

obert / tancat

محلول / مبلع

silenciós / sorollós

بشوية / بلفور

ric / pobre

مرفح / زوالي

correcte / incorrecte

نيشان / خاطيء

aspre / suau

حرش / رطب

trist / content

زعفان / فرحان

curt / llarg

قصير / طويل

lent / ràpid

بشوية / بلخف

humit / sec - eixut

مشمخ / ناشف

calent / fred

حامي / بارد

guerra / pau

القيرة / لامان

nombres

نيميرويات

0

zero

صفر

1

u

واجد

2

dos

زوج

3

tres

تلاثة

4

quatre

ربعة

5

cinc

خمسة

6

sis

ستة

7

set

سبعة

8

vuit

ثمانية

9

nou

تسعة

10

deu

عشرة

11

onze

حداعش

12
dotze

ثناعش

13
tretze

تلطاعش

14
catorze

رباطاعش

15
quinze

خمسطاعش

16
setze

سطاعش

17
disset

سبعطتعش

18
divuit

ثمنطاعش

19
dinou

تساعطاش

20
vint

عشرون

100
cent

مية

1.000
mil

ألف

1.000.000
milió

مليون

anglès

انقلي

anglès americà

انغلي تاع مريكان

xinès mandarí

لغة الشنوية

hindi

الهندية

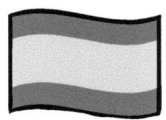

espanyol

سبنيولية

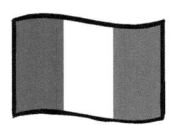

francès

الفرونسي

àrab

العربية

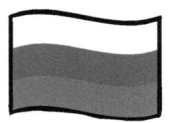

rus

الروسية

portuguès

البوتغالية

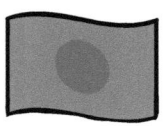

bengalí

البنغالية

alemany

لالمنية

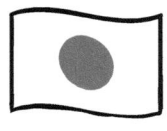

japonès

الجابونية

jo

انا

tu

نتا

ell / ella / allò

هو

nosaltres

حنايا

vosaltres

نتوما

ells

هوما

qui?

شكون

què?

واش

com?

كيفاش

on?

وين

quan?

وقتاش

nom

الاسم

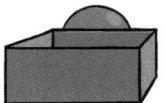

darrere

لورم

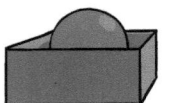

en

في

davant de

قدام

damunt

فوق

sobre

على

sota

تحت

al costat

ادا

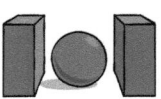

entre

بين

lloc

بلاصة